Mein Vater und ich

Die große Aussprache

Steve Biddulph

Mein Vater und ich

Die große Aussprache

Steve Biddulph

beustverlag

Bibliografische Information Der Deutschen Bibliothek
Die Deutsche Bibliothek verzeichnet diese Publikation in der Deutschen Nationalbibliografie; detaillierte bibliografische Daten sind im Internet über http://dnb.ddb.de abrufbar.

1. Auflage 2003

beustverlag, Fraunhoferstraße 13, 80469 München
www.beustverlag.de

Fotos: Christiane Fleissner, München
Übersetzung: Dr. Eva Dempewolf, Starnberg
Lektorat: Jürgen Bolz, Friedberg
Layout, Artwork und Produktion: CURA MEDIA, Gilching
Umschlagdesign: ZERO Werbeagentur, München
Druck und Bindung: AALEXX Druck, Großburgwedel

ISBN 3-89530-100-0

Printed in Germany

Die große Aussprache mit Paps

Wenn ich früher meine Eltern besuchte, was ungefähr einmal im Jahr geschah, war ich immer freudig gespannt. Etwas in meinem Inneren machte einen Sprung – ein Gefühl der Wärme durchströmte mich, Wärme, die wir uns gegenseitig geben würden. Und dieses **Gefühl** steigerte sich, während ich den Wagen durch die vertrauten Straßen meiner Kindheit lenkte und schließlich in die Zufahrt zu meinem Elternhaus einbog.

Doch dann, längstens dreißig Sekunden nach meiner Ankunft, hatte sich dieses Gefühl in Luft aufgelöst.

Mein Vater murmelte irgendetwas Unpassendes und Entmutigendes. Meine Mutter wirkte nervös und unruhig – sie verkrampfte sich regelrecht, wenn ich sie umarmte, obwohl ich wusste, dass sie sich freute, mich zu sehen. Und ich schaute mich etwas ungemütlich um und fragte mich, wie rasch ich mich wohl wieder würde verabschieden können. Nach einer Fahrt von tausend Meilen war das immer ziemlich enttäuschend.

Eines Tages wurde ich darüber derart wütend und traurig, dass ich den Entschluss fasste, etwas zu unternehmen. Gegen Ende des Besuchs fuhr ich mit meinen Eltern zu einem langen Strand in der Nähe ihres Wohnorts.

Während des Spaziergangs begann ich ein Gespräch, das zwar schwierig und sehr emotional wurde, uns aber den Weg zu einer echten und herzlichen Freundschaft bahnte – an Stelle des leeren Rituals, von dem wir angenommen hatten, es sei normal. Natürlich ging das nicht in einem Tag – im Leben geht es, das wissen wir alle, nun einmal nicht zu wie im Film. Und unsere Beziehung ist auch heute noch nicht perfekt (mein Vater ist mittlerweile gestorben, was die Dinge auch nicht gerade beschleunigen kann!). Doch in den letzten Jahren vor seinem Tod hat sich unser Verhältnis um ein Tausendfaches verbessert. Meine Mutter und ich lernen weiterhin alles Mögliche voneinander, und ich hoffe, das geht noch sehr, sehr lange so weiter, denn Zuneigung, Spaß, Respekt und echtes Interesse am anderen wachsen immerzu.

Freundschaft

Leben

Beziehung

Doch dieses Buch handelt nicht von mir und meiner Familie, sondern soll von Menschen erzählen, die sehr viel interessanter, mutiger und inspirierender sind. Es beschreibt einen Durchbruch, den Tausende Männer und Frauen geschafft haben, und viele haben mir – teils brieflich, teils persönlich – von etwas berichtet, das man vielleicht eine Generationen verbindende Aussöhnung nennen könnte (zumindest amerikanische Therapeuten würden es bestimmt so nennen). Ich als Australier, der die Dinge nicht immer ganz so bierernst nimmt, ich nenne das einfach »Die große Aussprache mit Paps«. Das nimmt etwas Druck weg – was aber nicht heißen soll, dass dieses Gespräch zwischen einem erwachsenen Kind und einem erwachsenen Elternteil nicht sehr wichtig wäre. Lassen Sie mich eines ganz klar sagen: Ich halte solch ein Gespräch für einen der wichtigsten und befreiendsten Schritte, die ein erwachsener Mensch tun kann, und für manche Leser mag es sogar der Schlüssel zu einem neuen Leben sein, in dem auf einmal alles sehr viel glatter geht.

Der
Anfang...

... war das Buch *Männer auf der Suche*, das ich vor ein paar Jahren geschrieben habe und das außer in Australien und Neuseeland auch in mehreren europäischen Ländern veröffentlicht wurde. Dieses Buch berührt viele verschiedene Aspekte des Mannseins, darunter auch das (meist miserable) Verhältnis zum eigenen Vater. Unmittelbar nachdem das Buch erschienen war, erreichten mich die ersten Leserbriefe zu diesem wichtigen Thema. Die wenigen Tipps und Hinweise, die ich in meinem Buch gegeben hatte, waren von den Lesern geradezu gierig aufgesogen worden – offenbar herrschte in dieser Hinsicht ein echter Notstand – und hatten buchstäblich Tausende von Familienversöhnungen herbeigeführt.

Natürlich unterschieden sie sich von Fall zu Fall, aber alle brachten den Menschen, die daran beteiligt waren, Erleichterung. Der Durchbruch, den diese Menschen schafften (und es waren Leute aus allen Schichten und Berufen und allen Winkeln der Welt), war derart konzentriert, praktisch und greifbar, dass ich das Gefühl bekam, dieses Konzept weiter verbreiten zu müssen, damit noch mehr Menschen Zugang dazu bekommen. So entstand der **Gedanke**, eine kurze, aber kraftvolle Abhandlung über das **Gespräch** zwischen den Generationen zu schreiben. Etwas, das man an einem Abend lesen, ausprobieren und dann an andere, Freunde und Familienmitglieder, weitergeben kann.

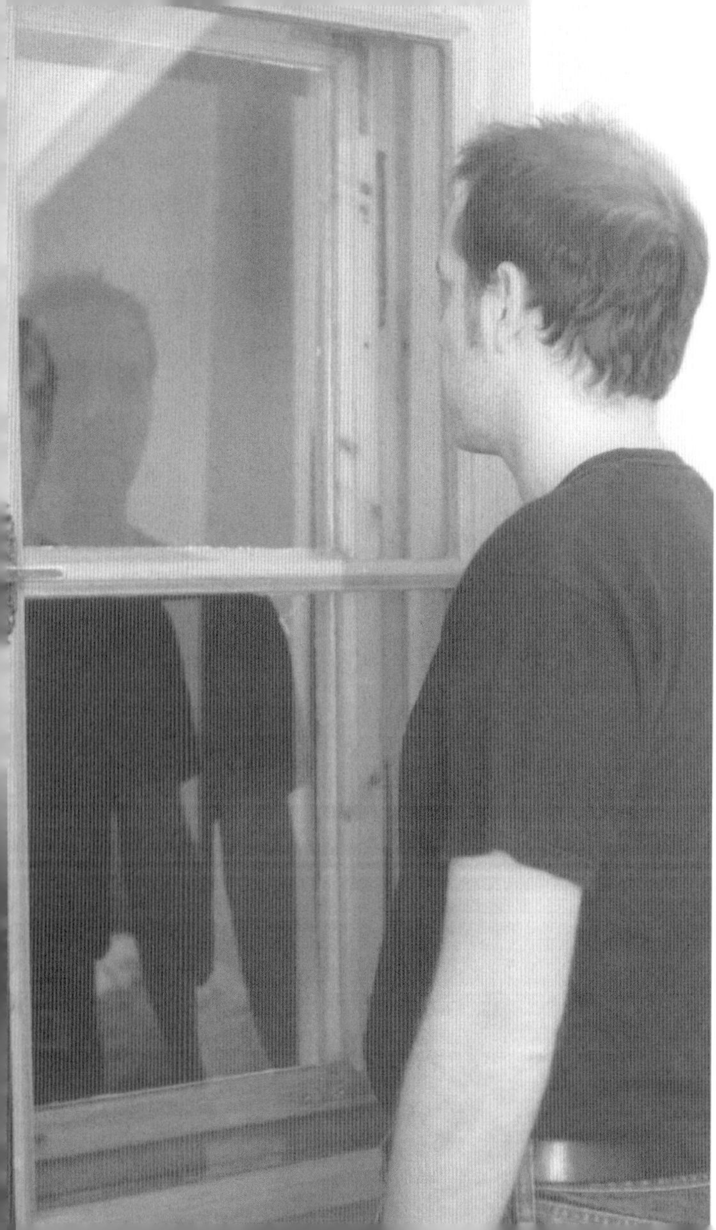

Dem eigenen Vater entfremdet, fern oder sogar feindlich gesinnt zu sein, ist unter den heutigen Männern und auch Frauen erschreckend weit verbreitet. Tatsächlich hört man immer wieder, dass die meisten Männer der älteren Generation ihre letzten Jahre mit dem Gefühl verbringen, als Mensch versagt zu haben. Warum nur? Weil sie wissen, dass sie irgendwo im Tohuwabohu des 20. Jahrhunderts den Respekt und die Zuneigung ihrer Kinder verloren haben. Ja, in einigen Fällen haben sie beides überhaupt nie besessen. Manchmal haben diese Männer große Anstrengungen unternommen, sind aber trotzdem gescheitert. Manchmal meinten sie, etwas anderes werde von ihnen erwartet. Häufig waren die Mütter dieser Generation den Kindern nahe, und die Väter glaubten, ihre Aufgabe bestehe vorrangig darin, für den Unterhalt der Familie aufzukommen.

Anstrengung

So ging in nur einem Jahrhundert das Erbe einer halben Million Jahre verloren. Denken Sie einmal einen Moment darüber nach: Können Sie sich etwas Schlimmeres vorstellen, etwas Traurigeres und Hoffnungsloseres, als Ihre letzten Stunden, in denen Sie den Wert und die Bedeutung Ihres ganzen Lebens Revue passieren lassen, in dem Wissen zu verbringen, keine Beziehung zu Ihren erwachsenen Kindern zu haben?

Hoffnungslosigkeit

STARRY

Jeder von uns hat es in der Hand, das zu ändern – nicht nur um des eigenen Vaters, sondern, und das ist vielleicht noch wichtiger, um unserer selbst willen. Es könnte durchaus sein, dass das Leben für uns erwachsene Söhne und Töchter von Menschen des 20. Jahrhunderts nicht optimal läuft, solange wir nicht die maskuline Seite unserer Abstammung wieder finden, akzeptieren und verstehen.

Wir können nicht wirklich männlich sein (als Männer) oder eine echte Beziehung zum Männlichen aufbauen (als Frauen); wir können keine guten Eltern sein, keine glückliche Ehe führen und nicht zufrieden leben, wenn wir nicht den Fluss gesunder Männlichkeit reaktivieren, der die Männer jahrtausendelang genährt hat und dann mit unseren Vätern und deren Vätern im Desaster des 20. Jahrhunderts versickerte.

In diesem Jahrhundert traf ein Schlag nach dem anderen die Männer und Frauen, die verzweifelt bemüht waren, ihre fünf Sinne beisammen zu halten, von ihren Familien ganz zu schweigen. Ein Weltkrieg, die Weltwirtschaftskrise, ein weiterer Weltkrieg, die Industrialisierung, Flüchtlingsströme, Zwangsumsiedelungen, auseinander gerissene Familien. Vier Generationen taumelten unter einer nahezu unerträglichen Last der Veränderungen und Traumata dahin, und es war die Verbindung zur Männlichkeit, die als Erstes abriss. Selbst wenn die Männer körperlich anwesend waren, so befand sich ihr Geist doch anderswo. Als Kinder solch gebrochener Männer mussten viele von uns praktisch jede maskuline Aufmerksamkeit und Prägung, jegliche männliche Einsicht, männliche Stärke, Entschlusskraft und Bestätigung entbehren. Sofern sie überhaupt anwesend waren, glichen unsere Väter vielfach Holzklötzen. Andere Autoren haben dicke Bücher über diesen »Vaterhunger« und seine Auswirkungen auf die nachfolgenden Generationen – unsere und die unserer Kinder – geschrieben.

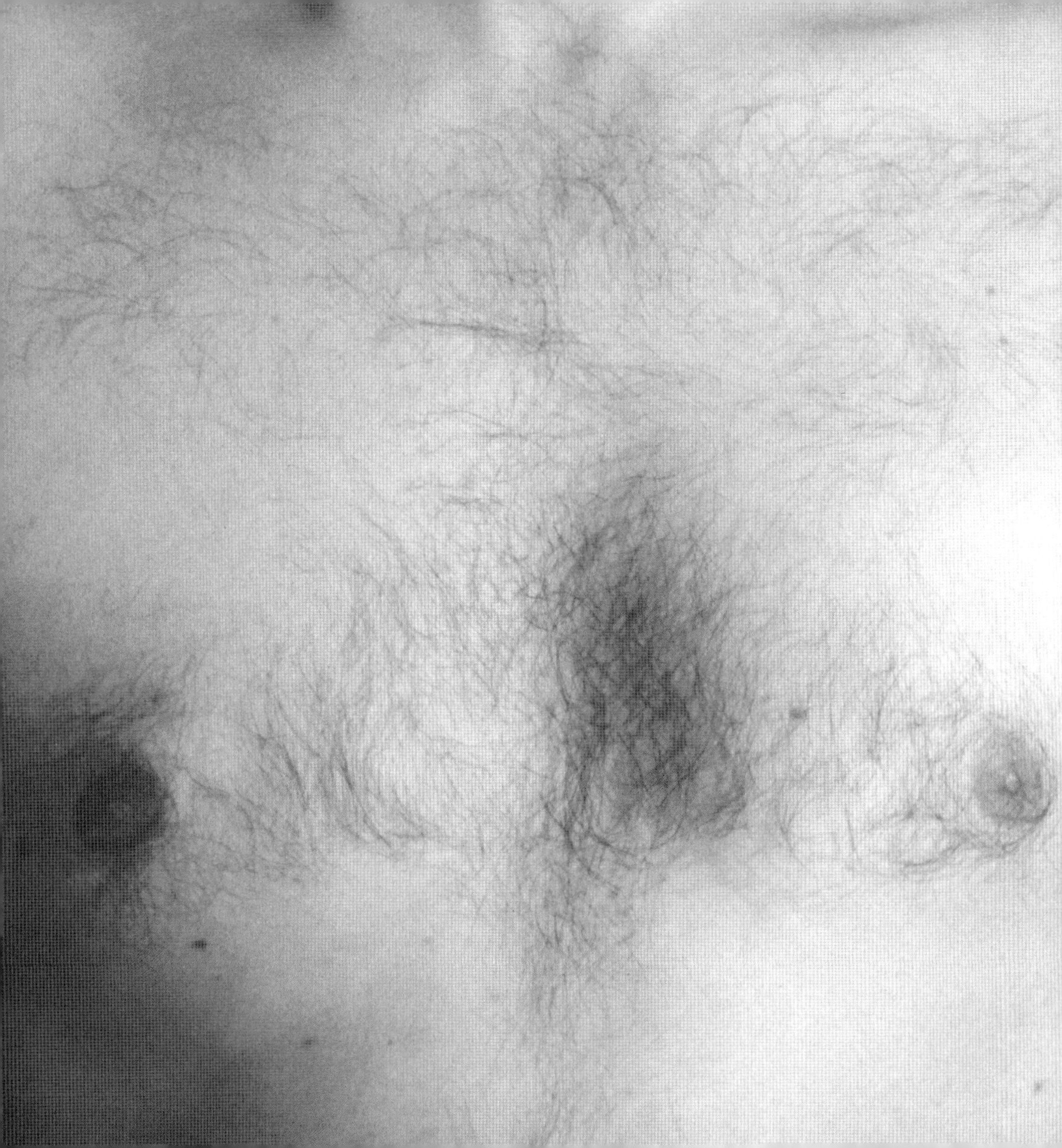

Was *dieses* Buch Neues bringt, sind *Lösungsvorschläge*. Gleichgültig ob Sie Frau oder Mann sind – die Chancen stehen gut, dass Sie früher oder später »Die große Aussprache« führen werden. Nicht in einer einzigen Unterhaltung natürlich; vielmehr handelt es sich um einen lange andauernden Prozess, eine Reihe von aufrichtigen Gesprächen, in deren Verlauf die Barrieren fallen, die Sie beide errichtet haben, und

Chancen

Sie einander ehrlich zuhören und zu verstehen beginnen. Dieser Prozess kann Monate und Jahre dauern, aber er bringt einen gewaltigen Gewinn. Aus ungezählten Briefen und Gesprächen mit Frauen und Männern, die diesen Weg gegangen sind, haben wir Richtlinien erarbeitet und Beispiele ausgewählt, mit deren Hilfe Sie viele Klippen umschiffen können. Damit Sie eines Tages am Bett Ihres sterbenden Vaters sitzen und lächelnd seine Hand halten können, voller Freude über ein erfülltes Leben.

Steve Biddulph, im März 2003

1 Wie der Fluss austrocknete

Wenn wir der Zeit vorgreifen und uns unsere Kinder als erwachsene Menschen vorstellen, dann tun wir das natürlich in der Hoffnung, dass sie uns immer freundschaftlich verbunden bleiben. Diese Hoffnung mag uns nicht überzogen erscheinen – doch in der Wirklichkeit ist das Verhältnis zwischen Vätern und insbesondere ihren erwachsenen Söhnen leider sehr häufig alles andere als gut.

Wenn Sie das nächste Mal mit einer Gruppe Männer zusammen sind und Lust auf etwas mehr Tiefgang haben, fragen Sie die anderen einmal, wie sie zu ihrem Vater stehen. Ich habe das im Laufe der Jahre bei mehreren Tausend Männern getan und dabei festgestellt, das sage und schreibe dreißig Prozent so gut wie nie mit ihrem Vater sprechen. »Das ist kalter Kaffee«, bekommt man da zu hören, »sinnlos«, »reine Zeitverschwendung«. Diese Väter und Söhne sind sich, um es kurz zu sagen, völlig fremd geworden.

Weitere rund dreißig Prozent sehen ihren Vater zwar mehr oder weniger regelmäßig bei Familienfeiern und Besuchen, aber das Verhältnis ist äußerst gespannt und von gegenseitigen Schroffheiten geprägt – ob humorvoll oder ernst gemeint, ist oft schwer zu sagen. (Mütter und Ehefrauen beobachten dies mit Bestürzung; da sie mit beiden Seiten sympathisieren, spüren sie das Verletzende und Unbefriedigende der Situation, sehen aber keine Möglichkeit, wie sie sich einschalten und Abhilfe schaffen könnten.)

Noch einmal dreißig Prozent der männlichen Bevölkerung – die »netten« Männer – geben an, in freundschaftlicher Verbindung zu ihrem Vater zu stehen. Sie besuchen ihn regelmäßig oder telefonieren einmal in der Woche mit ihm. Fragt man sie jedoch, welchen Gewinn sie daraus für sich selbst ziehen, blicken sie verdutzt aus der Wäsche. Sie tun es nicht, um etwas davon zu haben, sagen sie bisweilen. Sie tun es aus Pflichtgefühl und weil sie es für richtig halten. Gleichwohl sind solch pflichtschuldige Beziehungen meist für keine der beteiligten Parteien sonderlich erbaulich, ja, sie können sogar deprimieren. Sieht man genauer hin, ist der Grund dafür leicht zu finden. Wie mir ein Mann erzählt hat, »sprechen (wir) selten über Tiefsinnigeres als den Rasenmäher«! Solche Beziehungen sind ritualisiert, was fraglos besser ist als keinerlei Kontakt. Doch unterschwellig macht sich Langeweile breit – und dahinter verbirgt sich die heimliche Sehnsucht nach etwas »Echtem«.

Bleiben noch zehn Prozent, wenn Sie mitgerechnet haben. Gerade einmal zehn Prozent der Männer haben meiner Erfahrung nach ein inniges, befriedigendes Verhältnis zu ihrem Vater. Wenn sie Probleme haben, reden sie mit ihm. Diese Art von Vertrauen und Unterstützung ist in modernen Familien selten geworden – aber sollte beides nicht die Norm sein? Wie anders könnte die Welt aussehen, würde jeder diesen väterlichen Segen empfinden: das Gefühl, dass der eigene Vater stolz auf uns ist, stolz auf das, was aus uns geworden ist, und dass auch wir stolz auf den eigenen Vater sein können.

Bei erwachsenen Töchtern ist das Problem ein wenig anders gelagert. Häufig ist ein Mann seiner Tochter nahe, nicht aber seinem Sohn. Trotzdem ist für viele Frauen die »Vaterwunde« genauso schlimm und beeinträchtigt ihr Verhältnis zu Männern im Allgemeinen sowie ihre Fähigkeit zu einer engen Bindung an einen bestimmten Mann – kurz gesagt, sie beschädigt ihr Leben. Keinen Frieden mit dem eigenen Vater zu schließen, das ist ein schmerzvolles Hindernis auf dem Weg zu einem glücklicheren Leben.

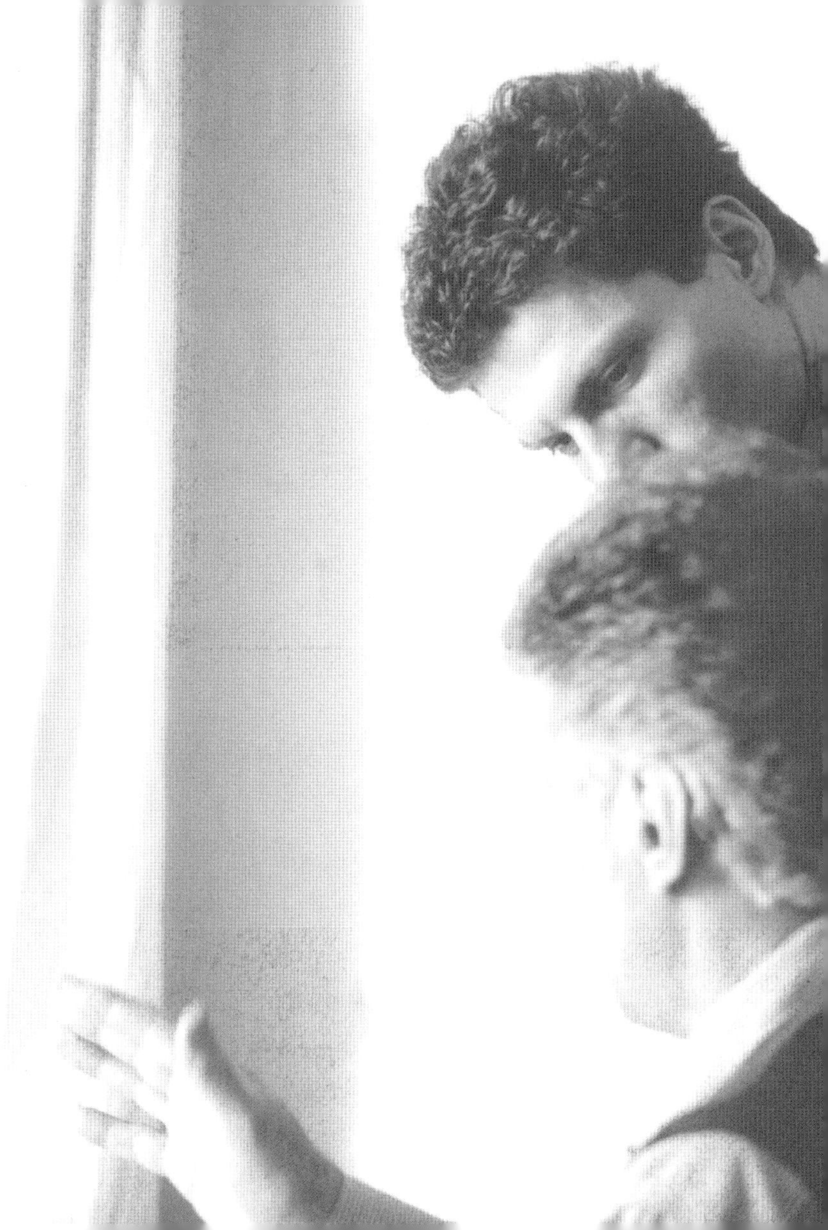

Wir wissen heute, dass es, etwas Mühe vorausgesetzt, möglich ist, die Kluft zwischen Vater und Sohn oder Vater und Tochter zu überwinden und die Beziehung zu reparieren. Und wir wissen auch nur zu gut, dass das wichtig ist, wenn wir ein glückliches Leben führen wollen. Auch wenn der Vater bereits tot oder verschollen ist, gibt es noch Möglichkeiten, die Vaterwunde zu schließen. Seit ich dieses Thema in meinem Buch *Männer auf der Suche* kurz angeschnitten habe, findet sich in meinem Briefkasten immer wieder Post von Lesern, und viele von ihnen berichten von einem echten Durchbruch in der Beziehung zwischen erwachsenen Männern und Frauen und ihren Vätern. Besonders für Männer, das angeblich so nüchterne und sachliche Geschlecht, ist dies eine Angelegenheit von enormer emotionaler Kraftanstrengung, was in den Briefen auch zum Ausdruck kommt. Mehr als einmal fand meine Frau mich mit Tränen in den Augen über der Morgenpost. Es ist verständlich und gut, dass viele Männer und Frauen sich aufmachen, »den Menschen hinter der Vatermaske« zu suchen.

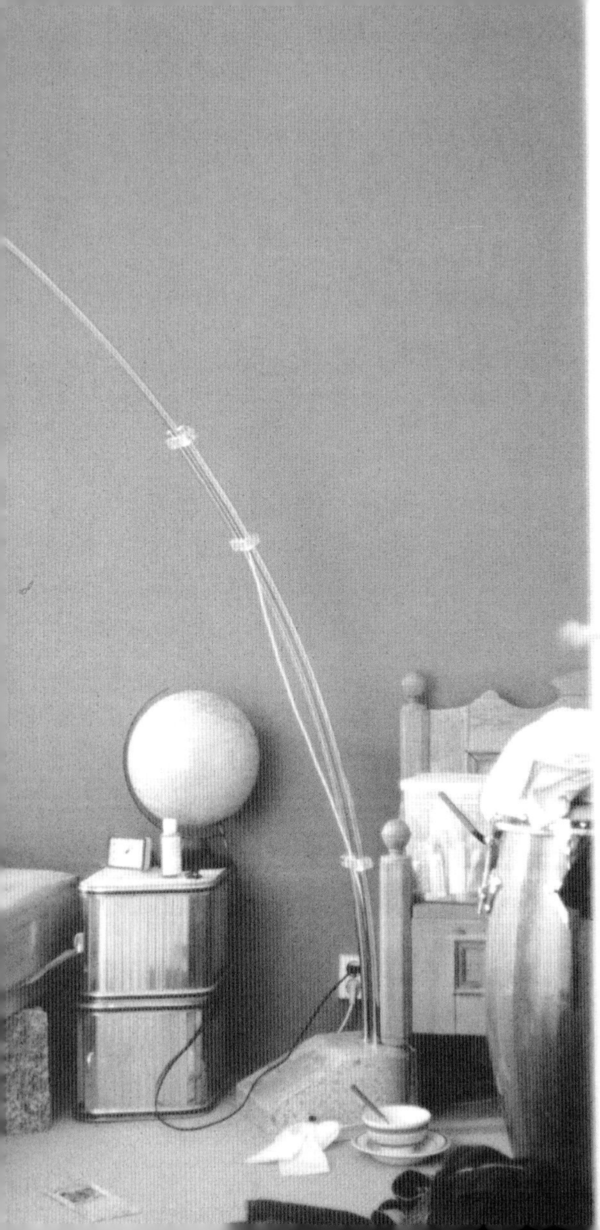

2 Die Reise eines Mannes

Ein Mann, mit dem ich seit langem befreundet bin, geriet mit 41 Jahren in eine Lebenskrise. Seine Ehe war zerrüttet, seine Firma stand vor dem Bankrott, seine Kinder hatten Probleme in der Schule. Wie es bei Männern in diesem Alter manchmal der Fall ist, schien alles in seinem Leben den Bach runterzugehen.

Doch wenn er sich nachts schlaflos im Bett hin- und herwarf oder spätabends über den Büchern saß, um zu retten, was noch zu retten war, war es nicht seine derzeitige Situation, die ihm durch den Kopf ging. Seine Gedanken kehrten vielmehr immer wieder zurück zu Kindheitserlebnissen, in denen er Ärger mit seinem Vater gehabt hatte. Das ließ ihn gar nicht mehr los und beschäftigte ihn so sehr, dass er meinte, darüber fast verrückt zu werden.

Als er mir davon erzählte, stellte ich ganz naiv die Frage, ob er denn in Erwägung gezogen habe, sich mit seinem Vater zu treffen und ihn »zur Rede zu stellen«. In Krisenzeiten sind Männer Ratschlägen gegenüber oft verblüffend aufgeschlossen.

Mein Freund griff diese Anregung auch wirklich auf und kaufte sich ein Flugticket zur Ostküste, wo seine Eltern noch immer lebten. Die Ankunft in seinem Elternhaus verlief erwartungsgemäß und war von Verlegenheit geprägt. Als er am gleichen Tag beim Abendessen versuchte, das Gespräch auf seine Kindheit zu lenken, erntete er von seinem Vater einen versteinerten Blick. Es war ein Blick, an den er sich aus Kindertagen nur zu gut erinnerte und der sagte: »Hör sofort auf oder du kriegst ein paar hinter die Löffel.« Doch mein Freund war inzwischen ein erwachsener Mann und nicht bereit, so leicht aufzugeben. Er bohrte weiter

Ankunft

– nicht aggressiv, aber entschieden. Da stand der alte Mann mit einem Mal einfach auf und verließ das Zimmer. Mein Freund ärgerte sich über dieses brüske Verhalten und folgte ihm. Zu seiner Überraschung marschierte sein Vater direkt in die Garage, stieg in sein Auto, knallte die Tür zu und war binnen einer Minute die Straße hinuntergefahren. Unter solchen Umständen ist ein Gespräch natürlich nicht möglich. Es ist sehr schwierig, mit jemandem zu reden, der den Raum verlässt. Mein Freund kehrte ein paar Tage später niedergeschlagen nach Hause zurück, weil er das Gefühl hatte, die Reise umsonst unternommen zu haben.

Gespräch

Mir tat es Leid, diesen Vorschlag gemacht zu haben.

Ein paar Monate später fand mein Freund morgens auf seinem Schreibtisch eine Notiz. Seine Mutter hatte kurz zuvor angerufen und folgende Nachricht hinterlassen: »Dein Vater hatte einen Herzinfarkt. Er liegt im Krankenhaus, aber es sieht nicht gut aus. Ich weiß

nicht, was du tun willst, aber ich dachte, du solltest es wissen. Gezeichnet: Deine Mutter.« Mein Freund packte rasch ein paar Sachen zusammen und flog mit der nächsten Maschine an die Ostküste. Dort nahm er ein Taxi, fuhr zum Krankenhaus und eilte zu dem Zimmer, in

während er entlangging

dem sein Vater lag. Während er den Klinikflur entlangging, hatte er ein merkwürdiges Gefühl im Körper, so als stünde er in Flammen. Etwas Derartiges hatte er noch nie empfunden.

Er fand seinen Vater wach, flach auf dem Rücken liegend und an unzählige Schläuche und Apparate angeschlossen. Von einem inneren Zwang getrieben, marschierte mein Freund zu dem Krankenbett, baute sich neben seinem Vater auf und fing an, ihm verbale Schläge zu verabreichen.

Aus seinem Mund kamen erstaunliche Dinge, ungemein präzise Anschuldigungen.

»Warum hast du Mutter damals an meinem zehnten Geburtstag zum Weinen gebracht, als alle meine Freunde da waren? Was war da bloß los?«.

»Als ich vierzehn war, warum durften alle Kinder unserer Kirchengemeinde ins Ferienlager, nur ich nicht? Was war der Grund?«.

Was war der Grund?

Und so weiter. Viele Beispiele, alle ungemein genau erinnert, aus längst vergangenen Zeiten. Er war selbst verblüfft, ja entsetzt darüber, was ihm da wie von selbst über die Lippen kam.

Zu seiner Überraschung schaffte es der alte Mann, sich trotz seiner Schwäche und der vielen Schläuche im Bett aufzusetzen und seine Verteidigung aufzunehmen – nicht bitter oder verärgert, sondern sichtlich aus dem Gefühl heraus, seinem Sohn Gründe zu nennen und alles erklären zu wollen. Das war eine Seite seines Vaters, die mein Freund nie zuvor erlebt hatte: ernst, ruhig, fast demütig.

Fehlende Puzzleteilchen tauchten auf. Manches war beruhigend, anderes warf neue Fragen auf. Rätselhaftes wurde geklärt. Die Ereignisse erschienen in einem anderen Licht. Verletzungen kamen zur Sprache. Entschuldigungen wurden gemurmelt. Das Gespräch wogte hin und her. Nach einer Weile, vielleicht nach anderthalb Stunden, wurde die Unterhaltung ruhiger, die Pausen wurden länger, bis sich schließlich Schweigen über den Raum senkte und beide Männer wie ein Segen umgab.

Ein Gefühl des Friedens erfüllte Vater und Sohn, die diese neue Empfindung gleichsam in sich aufsogen und mit Freude feststellten, dass eine Last von ihnen gefallen war.

Irgendwann sah mein Freund zum Fenster hinaus und bemerkte, dass es langsam dunkel wurde. Er konnte nicht bleiben. Zögernd erhob er sich, unsicher, was er nun tun sollte. Spontan streckte er seine Hand aus. Sein Vater nahm sie, drückte sie ganz fest und blickte ihm in die Augen. Sie verabschiedeten sich voneinander, wohl wissend, dass es für immer war.

Als ich ihn das nächste Mal sah, erzählte er mir, wie unendlich dankbar er war, dieses Gespräch mit seinem Vater geführt zu haben – nicht zuletzt deshalb, weil dieser nur zwei Tage später starb. Er war so froh, diese Reise unternommen zu haben, diese letzte Chance genutzt zu haben. Doch das ist noch nicht alles, es kommt noch besser.

Mein Freund fuhr vom Krankenhaus zum Flughafen zurück und flog wieder nach Hause. Es war früher Nachmittag, als die Maschine landete. Er fühlte sich nicht danach, noch ins Büro zu gehen, deshalb fuhr er nach Hause und setzte sich dort ans Fenster. Lange Zeit blickte er die Straße hinunter. Irgendwann kamen nach und nach die Nachbarskinder aus der Schule die Straße herauf, und bald erblickte er auch seinen ältesten Sohn.

Normalerweise hatte er immer etwas an seinem Stammhalter auszusetzen: Mal hing ihm das Hemd aus der Hose, mal waren die Haare ungekämmt. Doch dieses Mal war es anders. Plötzlich ging ihm auf, dass der Junge herangewachsen war, er bemerkte seine Kraft und Körpergröße und eine gewisse Ernsthaftigkeit. Er spürte Stolz in sich aufsteigen – »Das ist *mein* Kind« –, und er stand auf und ging zur Tür, um ihn zu begrüßen.

Und wie er in der Tür stand, bemerkte er, wie ihn ein Gefühl der Wärme durchfloss, mit dem er zunächst gar nichts anzufangen wusste. Sein Sohn war natürlich total entgeistert, den eigenen Vater so zu sehen!

Als seine anderen Kinder nach Hause kamen, ging es meinem Freund genauso. Noch mehrere Tage lang musste er sich mühsam zurückhalten, damit er sie nicht mit teuren Geschenken überhäufte. Das Leben ging weiter, und natürlich gab es Höhen und Tiefen. Aber er hatte ein anderes Gefühl seinen eigenen Kindern gegenüber gewonnen. Wärmer, mehr auf Anerkennung bedacht als auf Kritik. Er war ganz einfach glücklich, Kinder zu haben. Während er dies erzählte, beobachtete ich, wie seine Miene weicher wurde, er schien ruhiger zu werden, gelassener.

Nun sind Konfrontationen am Sterbebett gewiss nicht der beste Weg, sich mit einem entfremdeten Vater auszusöhnen. Zum einen ist der Zeitpunkt riskant. Zum anderen muss die Initiative auch keineswegs immer von dem jüngeren Mann ausgehen. Ältere Männer und Frauen zeigen sich zunehmend offen für solche Gespräche. Sie fragen ihren Nachwuchs: »Wie denkst du heute über deine Kindheit?« – »Gibt es da etwas, was du mich immer schon fragen oder mir sagen wolltest?« – »Was habe ich dir nicht erzählt, das die Dinge klären könnte?« Diese tapferen Menschen schöpfen viel Kraft aus ihrem Entschluss, aufrichtig zu sein und alte Missverständnisse nun endlich aufzuklären.

Wer den Anfang macht, ist egal – wichtig ist nur, dass es überhaupt geschieht.

3 So nehmen Sie es selbst in die Hand

Woran merken Sie, ob eine klärende Aussprache mit einem Elternteil nötig ist? Hier ein einfacher Test: Stellen Sie sich vor, Ihr Vater oder Ihre Mutter sei bei einem Unfall ums Leben gekommen. Was für ein Gefühl haben Sie, wenn der erste Schock sich gelegt hat? Tut es Ihnen Leid, etwas nicht gefragt zu haben? Bedauern Sie, etwas nicht erzählt zu haben? Haben Sie etwas nicht ausgesprochen? Einige wenige Minuten des Nachdenkens sollten ausreichen, um zu wissen, ob Handlungsbedarf besteht.

Die Wiederaufnahme der Verbindung zu einem entfremdeten Vater (oder zu einer entfremdeten Mutter oder anderen Familienmitgliedern, die fremd geworden sind) erfordert einige Sorgfalt. Im Folgenden ein paar Anregungen – beruhend auf den Erfahrungen von Menschen, die diese Reise erfolgreich hinter sich gebracht haben.

Sie müssen den richtigen Rahmen schaffen. Platzen Sie nicht während des Geschirrabtrocknens damit heraus, nur weil gerade ein Satz gefallen ist, der Sie wieder einmal auf die Palme gebracht hat. Wählen Sie Zeit und Ort wohl bedacht aus, um die geeignete Umgebung zu haben.

Verlassen Sie das alltägliche Umfeld. Etwas Neues geht in veränderten Situationen bisweilen rascher vonstatten. Und begeben Sie sich auf neutralen Boden – ideal wäre ein Tagesausflug oder ein gemeinsamer Wochenendtrip. Während des Essens in einem Restaurant sollten Sie besser nicht damit anfangen, da die Emotionen, die hervorbrechen können, mehr Privatsphäre verlangen. Vergessen Sie nicht: Sie haben keine Ahnung, was sich aus dem Gespräch ergeben kann. Zum eigenen und zum Wohl Ihres Gesprächspartners ist es sicherlich angebrachter, eine Umgebung zu wählen, die entspannend wirkt, naturnah ist und Ihnen zumindest eine gewisse Privatsphäre bietet. Vielleicht liefert ein Spaziergang am Wasser oder ein Hotelzimmer den richtigen Rahmen – Gelegenheiten eben, wo Sie nicht gestört werden.

Nehmen Sie sich Zeit. Gute Gespräche laufen nicht ab wie im Kino – die Eröffnungen kommen stoßweise, und Sie beide brauchen etwas Zeit, um das Gesagte aufnehmen zu können und zu verdauen. Insbesondere Väter reagieren lockerer, wenn Sie etwas zusammen unternehmen oder wenigstens spazieren gehen; Schweigephasen werden dann unverkrampft hingenommen. Gemeinsame Aktivitäten entspannen Männer und nehmen einer direkten Konfrontation etwas von ihrer Intensität. Die Versuchung ist groß, das Ganze mit einer Beschwerdelitanei zu beginnen, etwa nach der Art: »Warum warst du nicht für mich da?« Ein solcher Auftakt hat keine sonderlich großen Erfolgschancen. Eltern sind nicht dumm; sie wissen um ihre eigenen Schwächen und Fehler und auch, was Sie davon halten. Sie haben sich

Zeit Emotionen Intensität Versuchung Konfrontation

mental gegen diese Kritikpunkte gewappnet, ausgesprochen oder unausgesprochen, seit Sie in die Pubertät kamen. (Die körpersprachlichen Feinheiten innerhalb einer Familie sind derart ausgeprägt, dass Sie durchaus den Eindruck gewinnen könnten, Ihre Eltern besäßen die Fähigkeit des Gedankenlesens. Doch es wird auch riesige Lücken geben; deshalb ist es wichtig, miteinander zu reden.) Wenn Sie also Ihre klassische Attacke reiten, werden Ihre Eltern ihrerseits nur ihre lang erprobten Verteidigungsmechanismen dagegensetzen.

Es ist wichtig, zurückzutreten und die gefassten Vorsätze nicht aus den Augen zu verlieren. Wollen Sie einfach nur Ihren Gefühlen Luft machen, es »ihnen zeigen« oder sich für alle Unzulänglichkeiten revanchieren, die Ihren Eltern bei der Erziehung unterlaufen sind? Dann können Sie Ihre Hoffnungen gleich begraben, denn Sie denken immer noch wie ein unreifes Kind. Besteht Ihr Ziel jedoch darin, zu VERSTEHEN, mehr Nähe zu finden und besser miteinander auszukommen, dann müssen Sie die Sache anders anpacken. Sie müssen sich in Ihre Eltern hineinversetzen.

Der erste Schritt zum Erfolg: Sie müssen sich klarmachen, DASS SIE IHRE ELTERN NICHT KENNEN, AUCH WENN SIE GLAUBEN, ES ZU TUN. Vom Augenblick der Geburt an zeigen wir als Eltern unseren Kindern nur einen bestimmten Teil unserer Persönlichkeit – wir glauben, das sei am besten so, und nehmen an, das sei die richtige Strategie, um als Eltern erfolgreich zu sein. Wir verbergen vor unseren Kindern einen Großteil unserer Lebensinhalte. Dazu gehören vermutlich unsere Schwächen und Ängste, unsere Sexualität, unsere Bedürftigkeit, unsere Wut, unsere Enttäuschungen, jede Menge Charaktereigenschaften und Tatsachen, von denen wir meinen, dass die Kinder damit nicht umgehen können oder damit nicht konfrontiert werden sollten. Manchmal ist eine solche Zensur wichtig und sinnvoll, manchmal aber auch dumm und verwirrend und dem gewünschten Ergebnis abträglich. Leider können wir nie sicher sein, was in unserem Fall zutrifft.

Die Folge ist, dass Sie als Kind Ihre Eltern niemals wirklich gekannt haben. Als Erwachsener brauchen und wollen Sie jedoch dieses Kennenlernen. Deshalb ist die große Aussprache so wohltuend und so befreiend.

Wenn Sie häufig mit Ihren Eltern zusammen sind, ergibt sich vielleicht beiläufig einmal die Gelegenheit zu einer Aussprache (was freilich nicht heißt, dass sie das Ganze impulsiv und unvorbereitet angehen dürfen). Alte Verhaltensmuster werden immer wieder durchbrechen und Sie stören und verletzen. Wählen Sie Zeit und Ort, und äußern Sie dann Ihre Meinung. Beschreiben Sie das Verhalten und welche Gefühle es bei Ihnen ausgelöst hat oder noch immer auslöst. »Wenn du mich mit meinem Bruder vergleichst, fühle ich mich immer total minderwertig. Du hast das oft getan, als ich noch ein Kind war, und es hat mich dazu gebracht, meinen Bruder zu hassen, obwohl er ein wirklich netter Kerl ist. Ich möchte dich bitten, das nie wieder zu tun.«

Erwarten Sie nicht, gleich beim ersten Mal Gehör zu finden. Sie könnten auf Verweigerung stoßen und sollten deshalb einige klare Beispiele parat haben, um ihr Anliegen zu verdeutlichen. Derart in die Ecke getrieben, könnte der betreffende Elternteil durchaus einen Wutanfall bekommen, einen emotionalen Zusammenbruch vorspielen, damit drohen, Sie aus dem Haus zu werfen oder zu enterben! Nehmen Sie das nicht zu ernst, und lassen Sie sich dadurch nicht von Ihrem eigentlichen Ziel ablenken. Bringen Sie klar und unmissverständlich zum Ausdruck, dass es Ihnen darum geht zu verstehen, und nicht darum, Ihr Gegenüber an den Pranger zu stellen oder zu beschämen.

Ein Mann erzählte mir von einem Brief an seinen Vater. Darin hatte er ihm mitgeteilt, dass er ihn seine ganze Kindheit hindurch immerzu als kritisch und negativ erlebt hatte und sich nun nach ein paar lobenden Worten sehne. Dass er seinen Vater zwar liebe, sich ihm aber in keiner Hinsicht nahe fühle. Der Vater schrieb zurück: »Wenn Du so fühlst, ist doch ganz offensichtlich, dass es in Deinem Leben keinen Platz für mich gibt. Ich werde Dich nicht mehr belästigen.« Dem Sohn ist zugute zu halten, dass er daraufhin mit den Worten reagierte: »Sei doch nicht so kindisch – es geht doch nur um kleine, aber wichtige Veränderungen in unserem Verhältnis. Lass uns ein Treffen vereinbaren und daran arbeiten.« Auslöser für den Schritt des Sohnes war die Geburt seines eigenen kleinen Sohnes gewesen, und für beiden Männer stellte sich nun die Aufgabe, miteinander ins Reine zu kommen.

Fernsehserien wie *Die Waltons* haben uns den Glauben beschert, alle Probleme ließen sich aus der Welt schaffen, indem wir uns in die Arme fallen und sagen: »Ich liebe dich doch!« Wichtig sind die Details – der Weg, der uns zum Ziel bringt, nicht allein die Ankunft. Offenbar dreht sich das Gespräch mit Eltern immer vorwiegend um zwei Fragen. Die erste lautet: »Wie war es wirklich für euch, als wir Kinder waren – was habt ihr da-

Fragen

mals wirklich erlebt, was ist tatsächlich geschehen, was ihr uns als Kinder nicht erzählen konntet?« Die zweite Frage reicht sogar noch weiter zurück: »Wie steht es um eure eigene emotionale Geschichte, um eure Kindheit, um Kriegserlebnisse, um die Beziehung zueinander, um die Dinge also, die ihr, als wir heranwuchsen, aus der ›offiziellen Geschichtsschreibung‹ ausgespart habt, und durch deren Verschweigen ihr uns von eurem wahren Selbst fern gehalten habt?«

Am meisten Erfolg verspricht ein Gespräch unter vier Augen – gute Kommunikation findet nur selten in Gruppen statt, und in Familiengruppen erst recht nicht. Ist die ganze Familie versammelt, setzen sich gewöhnlich die alten Verhaltensmuster durch.

Unter Umständen können zwei Geschwister einen Elternteil »in die Zange nehmen«; das funktioniert aber nur, wenn beide wirklich auf derselben Seite stehen, und selbst dann ist es schwierig. Achten Sie auch darauf, dass weder Ihr Partner noch Ihre Kinder anwesend sind, sonst wird Ihr Vater oder Ihre Mutter das Gefühl haben, die Fassade wahren zu müssen.

Ihr Vater wird nicht in der Lage sein, vollkommen ehrlich mit Ihnen zu sein, wenn Ihre Mutter anwesend ist. Jede Ehe verlangt eine gewisse Selbstamputation, und die ist weniger oder gar nicht spürbar, wenn man mit einem Partner allein spricht. Wenn irgend möglich, sollten Sie versuchen, den betreffenden Elternteil für einen Tag oder sogar noch länger für sich zu haben.

Ich vermute, dass man die große Aussprache nicht führen kann, solange man jung ist – sagen wir unter dreißig. Ein gewisser Grad emotionaler Unabhängigkeit ist dazu ebenso notwendig wie eine gewisse Demut, die bei Jüngeren eher selten ist. Solange man materiell oder emotional von den Eltern abhängig ist, kann man es sich gewöhnlich nicht leisten, an der Käfigtür zu rütteln. Wer als Kind missbraucht oder vernachlässigt wurde, suizidgefährdet oder in psychiatrischer Behandlung ist, der sollte – wenn überhaupt – seine Eltern erst dann konfrontieren, bereits ein längeres Stück seines Lebensweges hinter sich oder die Therapie abgeschlossen hat. In einem solchen Fall könnte es besser sein, das Ganze auf brieflichem Wege in Angriff zu nehmen – wobei das Geschriebene nicht unbedingt auch abgeschickt werden muss, falls es sich bei Ihren Eltern um ernstlich gestörte Menschen handeln. Holen Sie sich den Rat eines Psychologen oder Therapeuten, wenn Sie nicht sicher sind.

4 Den richtigen Augenblick inszenieren

Ein junger Deutscher, Ende zwanzig, auf Urlaub in Australien, besuchte mich vor ein paar Jahren in meinem damaligen Wohnort Coff's Harbour. Er wollte das »alte Australien« kennen lernen – und da hat er mich besucht! Jedenfalls hatte er mein Buch *Männer auf der Suche* gelesen und wollte mich wissen lassen, welchen praktischen Nutzen er aus der Lektüre gezogen hatte. Zu diesem Zweck erzählte er mir seine Geschichte, die ich hier mit seiner Einwilligung wiedergebe.

Christian, so heißt der junge Deutsche, wuchs in der Nähe von Bremen auf. Sein Vater war immer ein guter, gütiger Mann gewesen, ein treuer Familienvater, aber seltsam distanziert. Er zeigte nie Launen oder stärkere Gefühle, welcher Natur auch immer. Höchstens eine Art Gereiztheit, niemals aber Lachen, Herumalbern oder offene Zuneigung ... Bisweilen konnte er in finstere Stimmungen versinken, doch selbst in seinen schlimmsten Zeiten war er niemals böse oder auch nur ungeduldig mit den Kindern. Zwar konnte er Liebe empfinden und weitergeben, aber nur auf eine Art, wie sie so vielen Männern des 20. Jahrhunderts eigen ist: mit der schon fast verbissenen Verpflichtung, dafür zu sorgen, dass seine Kinder es warm, immer genug zu essen und die richtigen Schulbücher hatten, dass ihre Fahrräder immer gut in Schuss waren, und so weiter.

Christian wusste, dass sein Vater irgendetwas mit sich herumschleppte – er war nicht einfach von Natur aus so, manchmal blitzte echte Qual oder Nervosität durch. Als Christian erwachsen geworden war und niemanden mehr brauchte, der sein Fahrrad reparierte, schlief der Kontakt langsam ein, zumal er aus der Heimatstadt weggezogen war und nun mehrere Hundert Kilometer entfernt von seinen Eltern lebte.

Dankbarkeit

Eines Tages fasste Christian den Entschluss, das Problem anzupacken, denn er fühlte sich einsam und verspürte das Verlangen, den Mann kennen zu lernen, der sich hinter der Maske seines Vaters verbarg. Außerdem sehnte er sich danach, seine Liebe und Dankbarkeit, einen so großzügigen und fürsorglichen Vater gehabt zu haben, offen zeigen zu können.

Er wusste, dass sein Vater niemals einfach so über sein Leben sprechen und allen Versuchen, ihn aus der Reserve zu locken, mit großem Geschick ausweichen würde.

Christian hatte es in der Vergangenheit mehrfach versucht, aber es war ihm nicht gelungen, etwas in Gang zu bringen. Deshalb wollte er es diesmal nach einem vorbedachten Plan versuchen. In seiner neuen Wohnung standen einige Reparaturen an, nichts Größeres, aber vielleicht konnte

er seinen Vater dazu bringen, ihm beim Renovieren zu helfen, wenn er ihn darum bat. Die Arbeiten würden etwa eine Woche in Anspruch nehmen. Natürlich sagte sein Vater sofort zu.

Fünf Tage lang werkelten die beiden, meist schweigend, nur hin und wieder plauderten sie über das Leben im Allgemeinen, redeten über Erinnerungen, Pläne und Ideen. Am sechsten Tag war das Ende ihrer gemeinsamen Arbeit in Sicht. Christian wagte einen Vorstoß. »Vati«, sagte er, »du erzählst nie vom Krieg.«

Und während sie ihre Malerpinsel die Wände hinauf- und hinabführten, begann der Vater die Geschichte zu erzählen, die er niemals erzählt hatte.

Von den letzten Kriegsmonaten, als er zwölf Jahre alt war. Von den russischen Soldaten, die in sein Heimatdorf kamen, das im Osten lag, und von den Grauen und Schrecken erregenden Vorfällen, die wir hier nicht wiederholen wollen, von denen Christians' Vater jedoch erzählte, als seien sie erst gestern geschehen.

Die beiden Männer hatten die Pinsel weggelegt und standen sich gegenüber, fast so, als wollten sie den Schmerz einfangen, den der eine dem anderen übergab.

Der ältere Mann schluchzte beim Sprechen, und Christian trat zu ihm und nahm ihn in die Arme, tröstete ihn und verspürte doch zugleich die allergrößte Achtung vor ihm. Dafür, dass er es solange für sich behalten hatte, und dafür, dass er sich schließlich doch geöffnet hatte. Beides erforderte nämlich eine Menge Mut.

Die Gründe für die emotionale Verschlossenheit seines Vaters, der Schmerz, unter dem er gelitten hatte, und endlich die Erlösung von diesem Schmerz, jetzt, da sein Sohn erwachsen genug war, die Wahrheit zu hören.

Das alles ergab einen Sinn und musste nun nicht länger als unsichtbare Mauer zwischen ihnen stehen. Sowohl Christian als auch sein Vater empfanden tiefe Freude und ein Gefühl des Friedens, das sie von nun an immer begleitete.

Juliet war eine Freundin von mir, eine sehr gut aussehende, erfolgreiche Geschäftsfrau Anfang vierzig. Sie flößte mir gehörigen Respekt ein, und ich fühlte mich in ihrer Gegenwart immer ein wenig klein, aber sie begegnete mir stets freundlich und warmherzig.

Bei einer Dinnerparty kam eines Abends das Gespräch auf das Thema Väter, und Juliet berichtete uns von ihren Erfahrungen. Ihre Geschichte bringt einen wichtigen Aspekt der Vater-Tochter-Beziehung zur Sprache – das Widerstreben eines Vaters, seine Tochter erwachsen werden zu lassen, und seinen Wunsch, dass sie es doch wird.

Juliets Vater war ein großartiger Anekdotenerzähler, ein massiger, fröhlicher Mann, der immer im Mittelpunkt stand – amüsant, selbstbewusst, laut; nie ließ er irgendwelche Selbstzweifel oder gar Zeichen von Kummer erkennen. So jemanden zum Vater zu haben, war jedoch alles andere als einfach. Alan war kein Mann, dem man seine Ängste oder Schwächen gern anvertraut hätte. Obendrein steckte eine gewisse Angespanntheit hinter seiner immer geschäftigen, immer fröhlichen Art. Nie schien er sich eine Pause zu gönnen, nie einen ruhigen Moment zu haben, in dem man mit ihm ein persönliches Gespräch hätte beginnen können.

Von frühester Kindheit an hatte Juliet gewusst, dass ihr in Südafrika geborener Vater lange vor ihrer Geburt als Wehrpflichtiger eingezogen worden war und dort im Angola-Krieg seinen Militärdienst geleistet hatte – auf dem Höhepunkt der Apartheid-Politik.

Er erzählte oft Witze über die Abenteuer, die er und seine Kameraden in der Armee erlebt hatten. Wie sie einmal ein Schwein stahlen und es auf einem Motorrad wegschafften. Wie sie die Mädchen umwarben, und was sie sich alles einfallen ließen, um

Herz

Angst

das Herz der schönsten jungen Frau für sich zu gewinnen. Eben jene Art Witze, die Männer seit jeher überall auf der Welt erzählen.

Für die kleine Juliet klang das alles so, als sei der Krieg für ihren Vater ein einziges großes Abenteuer gewesen. Als sie dann älter wurde, wurde ihr bewusst, dass dieser grauenhafte Krieg in Wahrheit sehr viele Menschenleben gekostet hatte und ganz und gar nicht jenes lustige Treiben gewesen war, das ihr Vater in seinen Erzählungen immer geschildert hatte.

Eines Abends, ihr Vater unterhielt wieder einmal eine Gruppe von Freunden mit seinen Geschichten, sah Juliet, die neben ihm saß, ihn direkt an und fragte: »Aber Dad, hattest du denn nie Angst?« Da erwiderte er ihren Blick, wurde plötzlich ernst und sagte leise, so leise, dass es der Rest der Gesellschaft nicht hören konnte: »Was glaubst du denn? Natürlich hatte ich Angst. Es war eine grauenvolle Zeit.« Er drückte ihre Hand, und in seinen Augen konnte sie Schmerz und Zärtlichkeit zugleich lesen.

Da wusste sie, dass sie endlich zur erwachsenen Frau geworden war, die ihr Vater ernst nahm, der er die Wahrheit sagen konnte.

5

Einige Gedanken zum Schluss

Braucht jeder Mensch eine solche Unterhaltung mit seinem Vater? Wahrscheinlich schon. Dieses klärende Gespräch könnte ein wichtiges »Midlife«-Ritual sein, der letzte Schritt zur Vollendung des Erwachsenseins. Während langsam auch die Öffentlichkeit ein Bewusstsein für dieses Ritual entwickelt, sehe ich bereits Millionen ältere Menschen mit einer gewissen Beklommenheit auf DAS GESPRÄCH warten – so wie wir früher als Teenager auf das große Aufklärungsgespräch gewartet haben.

Berge und Flüsse

Aber stellen Sie keine zu hohen Ansprüche, und glauben Sie ja nicht, es sei kinderleicht, nur weil Sie ein Buch darüber gelesen haben. Eine Landkarte ist nicht dasselbe wie eine Reise, wenngleich sie natürlich manchen Um- oder Irrweg vermeiden hilft. Die Berge und Flüsse müssen Sie trotzdem bewältigen. Doch die Aussicht, die am Ende wartet, ist es wert.

Wehe dem jüngeren Menschen, der meint, er könne über die Taten der Älteren zu Gericht sitzen, ohne sich einer Selbstprüfung zu unterziehen oder die Verantwortung zumindest mitzutragen. Mag sein, dass auch Sie berechtigten Ärger, Kümmernisse und Wunden vorzuweisen haben. Trotzdem sollte an erster Stelle die Verpflichtung stehen, Verständnis für die Geschichte des älteren Menschen aufzubringen: Warum unterscheiden sich die Erinnerungen dieses Menschen von den Ihren? Warum hat er so gehandelt, wie er es tat?

Geschicht

Ein Freund von mir litt eine Zeit lang unter dem akuten Verdacht auf eine schwere Krebserkrankung, als seine Kinder vier und sechs Jahre alt waren. Er war damals geradezu unerträglich gereizt und hatte sich mitunter kaum mehr im Griff. Er glaubte, es sei nicht gut, seinen Kindern den wahren Grund seiner Ängste zu schildern.

Glücklicherweise konnten seine Beschwerden erfolgreich behandelt werden, und heute, zwei Jahre später, scheint alles gut überstanden. Nun überlegt er, ob er ihnen jetzt erklären soll, warum er damals so übernervös reagiert hat.

Eines seiner Kinder wurde damals zum Bettnässer und ist es bis heute geblieben. Familienleben ohne Probleme gibt es eben einfach nicht.

Seien Sie auf Widerstand oder gewiefte Ablenkungsmanöver gefasst. Lassen Sie sich nicht mit Kommentaren wie: »Das ist doch alles längst verjährt« oder: »Du verstehst das ohnehin nicht« abspeisen. Antworten Sie darauf: »Warum gibst du mir nicht eine Chance?« Zweifellos wagen Sie sich auf gefährliches Terrain vor. Vielleicht haben Sie Angst vor körperlichen oder seelischen Verletzungen.

Sollten Sie an einer Stelle das Gefühl haben, so nicht weiterzukommen, machen Sie einen langen, einsamen Spaziergang oder telefonieren Sie mit einem guten Freund, bevor Sie das Gespräch fortsetzen.

Kindheit

Als ich meinen Eltern zum ersten Mal einiges über meine Kindheit entlocken wollte, hätte ich fast einen Rückzieher gemacht. Meine Frau jedoch machte mir Mut, indem sie mich auf zwei Dinge aufmerksam machte: Was wäre das Schlimmste, was dabei herauskommen kann? Das war natürlich die totale Entfremdung. Diese Möglichkeit schien jedoch höchst unwahrscheinlich, und da wir uns ohnehin auseinander gelebt hatten, hatte ich wenig zu verlieren – und sehr

Ziele

viel zu gewinnen. Der zweite Punkt war, dass man immer das Ziel im Auge behalten muss. Dass der Sinn und Zweck des ganzen Unterfangens in nichts anderem besteht, als für alle Beteiligten bessere Verhältnisse zu schaffen (es lohnt sich übrigens, diese Absicht in die Aussprache einfließen zu lassen).

Was letztlich als größtes Geschenk winkt, das ist Verstehen – jene herrliche geistige Gabe. Sind die Vorbehalte erst einmal aus dem Weg geräumt, erfüllt uns häufig ein tiefes Gefühl der Dankbarkeit, Wertschätzung und Anerkennung unseren Eltern gegenüber – und sei es nur für die Versorgung mit dem alltäglichen Dingen des Lebens, die jeder Mensch zum Überleben braucht und die sie uns unter den gegebenen Umständen angedeihen ließen.

Dieser Tage erreichte mich der Brief eines australischen Mannes, der nach England gefahren war, um Abschied von seinem Vater zu nehmen. Ich zitiere daraus:

»Die letzten drei Wochen seines Lebens verbrachten wir in wunderbarem Schweigen und völligem gegenseitigen Einvernehmen. Er sagte nur, dass er noch nie viel Worte gemacht hatte. Das Verblüffendste war, dass ich ihn, als es allmählich zu Ende ging, immer ins Bad führen musste, und dabei hielten wir uns jedes Mal bei den Händen. Und zwar auf eine Art und Weise, wie ich noch nie jemandem die Hand gehalten hatte.

Wenn ich sage, dass sich das Verhältnis zwischen Vater und Kind umgekehrt hatte, werden Sie vielleicht verstehen, was ich meine. Noch jetzt, während ich diese Zeilen schreibe, erfüllt mich Dankbarkeit für jene letzten Tage.«

Mehr bleibt nicht zu sagen.

Ihr
Steve Biddulph